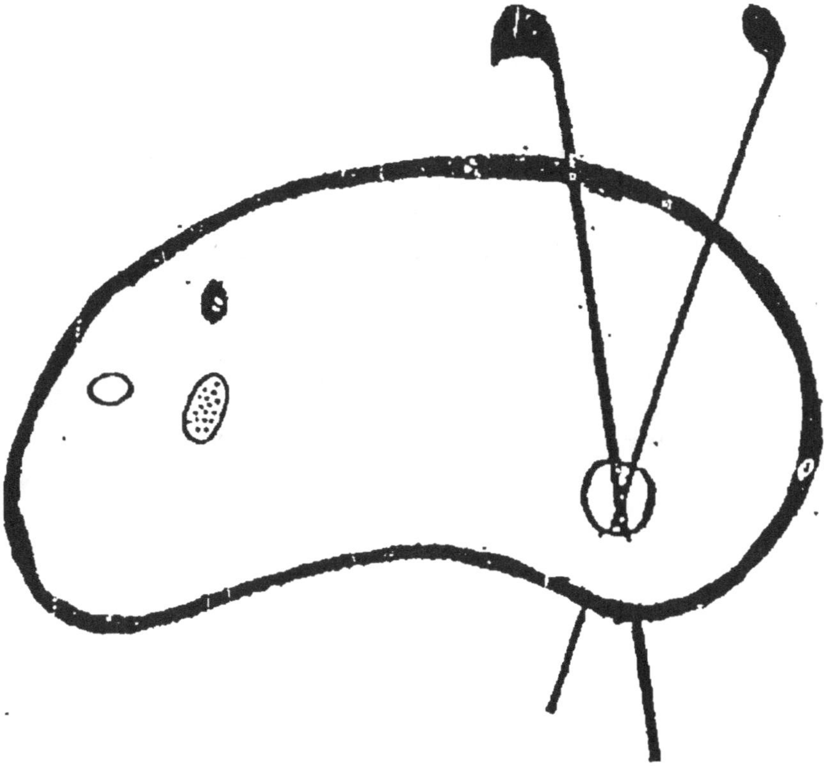

DEBUT D'UNE SERIE DE DOCUMENTS
EN COULEUR

LES COLONIES

ET

L'ENSEIGNEMENT GÉOGRAPHIQUE

CONFÉRENCE FAITE SOUS LE PATRONAGE

DE

L'UNION COLONIALE FRANÇAISE

PAR

M. MARCEL DUBOIS

PROFESSEUR DE GÉOGRAPHIE COLONIALE A LA SORBONNE

PARIS

LÉON CHAILLEY | A. CHALLAMEL, ÉDITEUR

ÉDITEUR | LIBRAIRIE COLONIALE

41, RUE DE RICHELIEU, 41 | 5, RUE JACOB ET RUE FURSTENBERG, 2

1896

"

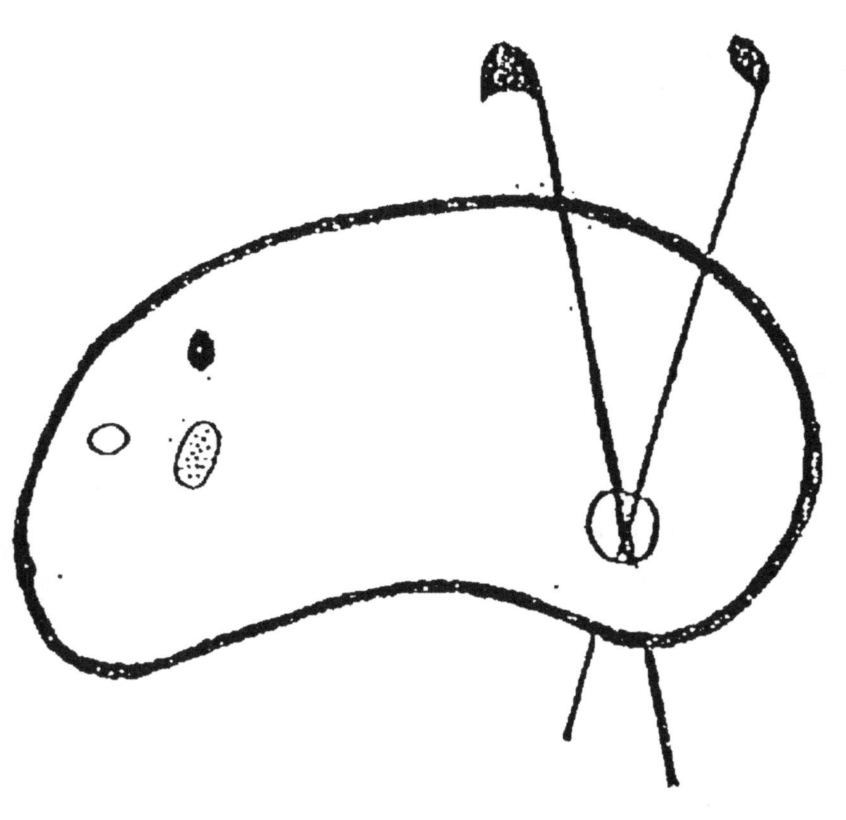

FIN D'UNE SERIE DE DOCUMENTS
EN COULEUR

LES COLONIES

ET

L'ENSEIGNEMENT GÉOGRAPHIQUE

CONFÉRENCE FAITE SOUS LE PATRONAGE

DE

L'UNION COLONIALE FRANÇAISE

PAR

M. MARCEL DUBOIS

PROFESSEUR DE GÉOGRAPHIE COLONIALE A LA SORBONNE

PARIS

<table>
<tr><td>LÉON CHAILLEY
ÉDITEUR
41, RUE DE RICHELIEU, 41</td><td>A. CHALLAMEL, ÉDITEUR
LIBRAIRIE COLONIALE
5, RUE JACOB ET RUE FURSTENBERG, 2</td></tr>
</table>

1896

UNION COLONIALE FRANÇAISE

CONFÉRENCE DU 7 FÉVRIER 1896

LES COLONIES ET L'ENSEIGNEMENT GÉOGRAPHIQUE

PAR

M. MARCEL DUBOIS

PROFESSEUR DE GÉOGRAPHIE COLONIALE A LA SORBONNE

MESDAMES, MESSIEURS,

La présidence d'un ancien grand maître de l'Université m'eût été le meilleur appui moral dans la tâche que j'ai assumée de montrer l'étroite solidarité de la science géographique et de l'intérêt colonial : aussi ne puis-je, en remerciant M. Charles Dupuy d'avoir accepté si gracieusement la présidence de cette réunion, que regretter avec M. Mercet, l'empêchement qui nous a privés de son précieux patronage. M. Mercet, dont le dévouement à la cause coloniale française mérite notre unanime gratitude, me pardonnera, je l'espère, de rappeler en public pour quelle raison d'amitié, je dirais presque de famille, sa présence au fauteuil présidentiel m'est particulièrement agréable. Il sait mieux, que personne ici, combien les idées qui nous sont communes, entre adhérents et auditeurs de l'Union coloniale, m'ont été chères dès l'enfance, combien l'étude géographique a fortifié des convictions déjà fort anciennes comme l'amitié de nos familles. Je n'ai aucun embarras d'avouer que sa présidence me fait, avec beaucoup d'honneur, un plaisir très personnel.

Je remercie ensuite l'Union coloniale française d'avoir fait appel à un professeur, et surtout de l'avoir mis à l'aise en lui confiant un sujet cher à ses préférences, une cause qu'il aime de sa plus ferme conviction. Assurément, on est plus friand, en général, dans notre profession, de prouver que la science plane sereine et impassible au-dessus des débats d'intérêt ; nous résistons d'ailleurs difficilement au plaisir de méditer, au lendemain d'une catastrophe, sur l'imprudence des « gens d'intérêt » qui n'ont pas voulu être « gens de science ». Attitude très sûre, très agréable, qui nous soustrait aux dangers de la mêlée, et nous permet de prononcer, après la leçon des faits..., la nôtre.

J'aime mieux, ici et ailleurs, partout où il me sera donné d'être le serviteur de la cause coloniale, prendre nettement parti dès l'abord ; et je n'éprouve aucun embarras à avouer que, non seulement la science géographique ne subit point de déchéance en prodiguant aux hommes des leçons utiles, matériellement utiles, mais que, dans son adaptation au service des intérêts humains, j'entends les intérêts loyaux et légitimes, elle se conforme à son vrai rôle et reste fidèle à sa définition. Car si la géographie n'est pas la recherche des rapports qui unissent la Terre à l'Homme, elle n'a plus aucune raison de se limiter : c'est, dès lors, une encyclopédie qui ne peut tenter que des esprits atteints d'ambition maladive. Que la géographie se résigne, au contraire, à une limitation sage et nécessaire, qu'elle s'attache à comprendre en quoi la composition chimique d'un terroir, la nature d'un climat, la richesse de la vie végétale et animale influencent les sociétés humaines ; et son labeur sera d'autant plus fécond. Je laisse volontiers à quelques critiques, enivrés de « science intégrale » (on appelait jadis cela la recherche de la « pierre philosophale ») la joie de flétrir notre « anthropo-centrisme » ; les gens qu'on plaisante avec de si gros et longs mots n'en deviennent jamais bien malades.

II

Voilà d'ailleurs longtemps que les géographes français se sont mis résolument à l'étude et au service des intérêts coloniaux de notre patrie. Ils se sont fait honneur, au cours de notre belle renaissance coloniale, en croyant, en confessant qu'un homme de science ne se fait nul tort par l'application de ses recherches au domaine de l'intérêt, pourvu que ce soit sans le dessein de vivre de l'autel, de s'enrichir du culte de la vérité. En prouvant à ceux dont le rôle consiste à faire fructifier la richesse et l'influence française dans le monde, qu'il faut « bien savoir », agir « suivant une méthode sûre et rigoureuse » pour être utile ; en écartant les chances d'erreur du chemin des pionniers qui risquent leurs biens et leurs vies, il fait son devoir, rien que son devoir.

Oui, les géographes français, oui, nos sociétés de géographie, eurent leur part belle et glorieuse dans le mouvement d'idées, qui s'est traduit par des explorations d'abord, ensuite par de précieuses acquisitions de colonies. Rappelez-vous avec quelle ardeur généreuse, au lendemain de nos désastres, « hommes d'intérêt » et « hommes de science » se sont coalisés pour fonder et développer des « Sociétés de géographie », foyers de propagande coloniale, centres de vie intellectuelle et aussi groupements d'intérêts patriotiques. Nous étions sous le coup de récits, parfois légendaires, qui nous vantaient la science géographique des officiers de l'armée ennemie, comme si c'était faire honneur, même à son ennemi, que de le croire capable d'avoir appris par cœur des chemins et des sentiers de village, au lieu de les lire sur des cartes ; comme si l'on devait faire un crime à son compatriote, mal pourvu de cartes, de demander le meilleur chemin à un paysan. Il y avait là une idée bien sotte de ce que doivent être la science géographique et le professeur de géographie : mais il vaut peut-être mieux que le jugement populaire ait été aveugle, injuste ; une erreur d'appréciation fut le point de départ des plus généreux sacrifices, et d'une idée fausse sortirent, pour cette fois, de grands sentiments.

Je sais qu'il serait vain de compter le nombre de nos sociétés de géographie et de l'opposer à celui des société similaires d'Allemagne, pour proclamer la supériorité de l'un ou de l'autre pays : mieux vaudrait s'enquérir de l'activité savante et patriotique de ces groupes formés en l'honneur de la géographie. Il serait même imprudent de mesurer la valeur de la propagande coloniale dont nos sociétés géographiques ont été et sont le siège, au nombre des conférenciers et des conférences. Nous savons, quelle que soit notre admiration pour cette œuvre, qu'il est une ardeur patriotique essentiellement indiscrète, gênante, nuisible, que ne guide pas la science et dont les apôtres travaillent, par l'excès même de leur zèle dévot, à préparer dans le pays de terribles désillusions. Nous avons déploré, nous avons combattu, dans les sociétés de géographie, nous géographes et professeurs, contre certaines propagandes mal préparées, mal mesurées, et dont nous avions prévu les effets. Que de fois avons-nous été effrayés de l'audace de certains conférenciers qui ne parlaient au public français que de milliers de kilomètres d'itinéraires, de millions de kilomètres carrés de conquêtes ; audace funeste et malsaine. Combien d'orateurs, en nos sociétés de géographie et ailleurs, ont entrepris de véritables croisades en faveur d'une « partie du monde », l'Afrique le plus souvent, au détriment des autres fractions de notre empire colonial, et développé cet enthousiasme Africain devenu presque aussi dangereux, à l'heure où je vous parle, que la courte manie anticoloniale du lendemain de Lang-Son.

N'avez-vous pas entendu souvent des explorateurs, même instruits et renommés, s'abandonner sans résistance au petit ridicule de démontrer que le pays exploré par eux était naturellement le plus riche de tous, que la voie de pénétration de leur choix était préférable à toute autre, chacun promenant, en un tour de France singulièrement monotone, sa conférence sur la « colonie de prédilection ».

Les hommes de science eux-mêmes ont oublié, à l'occasion, de signaler, à côté des avantages d'une entreprise coloniale, ses inconvénients, et ont parfois masqué une part de la vérité. Aussi le public, trompé par ces abus d'enthousiasme, par ce parti pris d'éloges dépourvus de restrictions, fut-il saisi, au moment du réveil et du contact avec la brutale réalité, d'une révolte d'esprit à son tour excessive. Et la faute n'est pas imputable au public; car, à semer le dogme au lieu de la science, l'illusion en guise de vérité, on recueille ces accès de découragement, de désespoir que notre esprit colonial n'aurait jamais dû connaître. Loin de moi l'idée d'incriminer les enthousiasmes généreux; on ne fait rien en France sans ce superflu si nécessaire des meilleurs raisonnements ; encore faut-il justement que l'enthousiasme s'applique à ce que la raison et la science ont d'abord consacré. C'est à force de parler des « Eldorados » du pays tropical, qu'on a suscité des sceptiques, qu'on a mis nombre d'esprits français, et des meilleurs, en état de réaction normale et maniaque contre toute entreprise d'outre-mer, qu'on a rendus impopulaires, pour une trop longue durée dont l'étranger a fait son profit, hommes politiques, savants, industriels, commerçants, bref quiconque osait parler de colonies et de colonisation. On nous a menés ainsi à deux doigts de la banqueroute coloniale, et l'on nous tient, pour longtemps encore, à bonne distance des profits de ces œuvres.

III

Eh bien ! je n'hésite pas à proclamer responsables de cet état de stupeur, de contrainte maladive, ceux qui d'abord provoquèrent en notre esprit public une ivresse d'erreur. Quel besoin était-il donc, au moment où nous nous reprenions à vivre et à agir, après guérison des blessures de la guerre, de venir exalter sans restriction l'Afrique, d'entonner des panégyriques de cette partie du monde, sans dire sincèrement ce qu'elle contenait de déserts, de steppes, de savanes ? Quel besoin est-il aujourd'hui de faire du lac Tchad une sorte de rendez-vous de toutes les convoitises coloniales ? Les orateurs imprudents qui confondent ce grand marécage où le désert dévore et arrête les fleuves, avec les merveilleux lacs d'eau profonde de l'Afrique orientale, le Victoria-Nyanza, le Tanganyka, le Nyassa, réservoirs de naissance d'un Nil, d'un Congo, d'un Zambèze, donnent par là même une mauvaise orientation à nos idées coloniales. Avec une notion plus saine de la valeur relative des diverses régions de l'Afrique, nous n'aurions sans doute pas signé la convention d'août 1890, qui nous a si largement pourvus de sables sahariens, mais nous serions peut-être devenus les maîtres de l'Ouganda !

Ne parle-t-on pas aujourd'hui sans hésitation, comme d'un idéal de notre politique, de « réunir sur les bords du lac Tchad, toutes nos colonies d'Algérie-Tunisie, du Soudan, du Sénégal et du

Congo », sous prétexte qu'elles sont *en Afrique!*
Les anciens discutaient déjà sur la question d'une
« division en parties », de ce qu'ils connaissaient
du globe : et Eratosthène, le géographe de Cyrène,
se moquait déjà de l'assurance des écrivains qui
admettaient sans difficulté un sectionnement arbi-
traire de ce genre. Il déniait d'ailleurs à ses con-
temporains le droit de diviser en parties sans con-
naitre le tout. En notre siècle c'est au contraire
notre connaissance déjà fort détaillée des contrastes
qui nous défend d'attacher la moindre valeur à
cette division dont l'habitude s'est ancrée chez
nous : quand on sait les différences qui séparent le
Maghreb du Sahara, le Sahara du Soudan, l'Afrique
orientale de l'Afrique occidentale, le Tchad du Victoria-Nyanza, on n'est plus excusable de se livrer
sans réserve à des développements généraux sur
l'Afrique, moins encore d'assigner le rendez-vous
peu séduisant des bords du Tchad au citadin d'Alger, au planteur du bas Oubangui, au batelier du
bas Sénégal, au commerçant des comptoirs de la
Côte d'Ivoire. Vous me direz en vain qu'il faut,
pour émouvoir l'opinion publique, des formules
amples et sonores. Il vient toujours une échéance
où l'on doit payer cher l'erreur, même enveloppée,
j'allais dire surtout enveloppée d'ornements ambi-
tieux ; et l'on ne forme pas l'esprit public en le
trompant, mais on le déforme, on le rend incapable
de se contenir aux heures d'épreuve, on le rend
méfiant, inquiet, irritable.

IV

Par conséquent, en matière de colonisation, comme en toute matière d'intérêt public, il conviendrait, au moment grave où nous en sommes arrivés de notre labeur d'expansion, de nous rappeler quelquefois la prière connue : « Seigneur délivrez-moi de mes amis; quant à mes ennemis, je m'en charge. » Les amis compromettants, ce sont ces orateurs violents qui vantent toutes nos colonies dans la même mesure, qui assimileraient volontiers le climat de Saigon à celui des environs de Paris, qui provoqueraient une émigration française vers le Congo ou la Guyane ou le Dahomey, avec la même allégresse qu'en Algérie ou en Tunisie; ce sont ceux qui cachent aux Français la vérité et la variété des cas particuliers. A ces enthousiasmes irréfléchis, il n'y a pas de meilleur remède que la science géographique, ennemie des solutions trop simples, et il n'y a de solutions simples que pour les ignorants.

Je vous paraîtrai trop simple, à mon tour, si je ne prends la peine de définir cette science géographique dont je vous recommande les enseignements pratiques. Je n'ai pas la prétention de la définir au gré de tout le monde : et je sais que tout le monde n'aime pas la géographie. Il faut ajouter, pour être juste, que la géographie, entre les mains des géographes de métier ou d'occasion, n'a pas toujours su se faire aimer ni se rendre utile. Non, la géographie ne devrait pas être aussi amusante que nous apprenons à la connaître en de certaines réunions, ni aussi morose qu'on la subit en des heures parfois bien pénibles de notre éducation première. Tel abuse des projections lumineuses et sacrifie trop l'idée à l'image ; tel assène à ses auditeurs ou élèves des nomenclatures fastidieuses, qui n'évoquent ni images, ni idées.

J'espère toutefois qu'on ne m'accusera pas d'un optimisme aveugle, si je constate que ces deux abus, l'un s'adressant aux yeux, l'autre à la mémoire, ont été bien réprimés dans nos sociétés et nos classes de géographie depuis vingt ans.

Mais ce sont là réformes qui auraient pu s'accomplir sans que le caractère scientifique de la géographie se fût, par cela même, mieux accusé, et surtout sans que l'efficacité de son application à l'intérêt colonial en eût été accrue. Or, il est aisé de prouver que la science géographique a suivi, en France, la voie qui mène à philosopher utilement sur les conditions matérielles d'existence et d'expansion de l'humanité, qu'elle s'est détournée jusqu'ici, et malgré l'action de puissantes influences, de la tentation dangereuse de grouper sans dessein de servir l'homme, tous les faits physiques de la vie du globe. Tandis qu'en Allemagne la géographie tourne rapidement à cette encyclopédie indigeste de sciences physiques et naturelles, avec base géologique, c'est-à-dire va, sauf des exceptions très honorables, comme celles d'un Kirchhoff ou d'un Ratzel, à la banqueroute cosmogonique, elle semble devoir garder chez nous son allure vive, alerte et philosophique.

Le bienfait de ce maintien d'une tradition très

française en son esprit, nous le devons à l'influence
exercée sur les géographes de notre pays, par les
études d'histoire et d'économie politique, par les
études qui font méditer, qui forment les facultés de
comparaison et de généralisation, qui sont le salut
de la pensée, de l'idée au milieu de l'afflux des faits
nouveaux et des découvertes. C'est un grand bonheur pour les géographes français que d'être restés
en contact avec l'histoire, sans, toutefois, dédaigner
de faire aux sciences naturelles les emprunts néces-
saires; ils n'ont pas cessé de s'intéresser à l'homme,
tout en connaissant de mieux en mieux la Terre :
ils n'ont pas renoncé à l'étude des causes, sous la
pression des faits, ni fermé leur esprit à mesure
que leurs yeux s'ouvraient davantage. Ils se sont
cantonnés dans le présent, leur domaine propre,
dans l'étude des continents tels qu'ils sont, des
montagnes en leur état actuel, des fleuves qui
portent les barques des humains, des plantes et des
animaux qui les nourrissent. Ils ont accueilli avec
reconnaissance, mais non sans esprit critique, le
généreux apport de faits et de conclusions de l'économie politique ; car la rencontre avec les écono-
mistes, sur le terrain de l'étude du labeur humain,
fut pour les géographes un bienfait, une sauve-
garde, la garantie du maintien d'une discipline,
grâce à laquelle notre science reste à la fois rigoureuse et utile; or, une science « qui ne sut se borner,
ne put jamais instruire. » La transformation de la
vieille géographie descriptive à outrance et avec
fantaisie, en géographie économique, politique,
historique, etc..., marque l'ère des applications
fécondes : grâces en soient rendues à nos confrères
de l'économie politique qui ont conservé notre

science, limitée à un dessein, pratique et humaine. Un géographe allemand disait récemment, en déplorant les excès géologiques de quelques-uns de ses confrères, que ces messieurs enseignaient « eine unmenschliche Geographie », une inhumaine géographie. Cet Allemand de beaucoup d'esprit et de raison, M. Kirchhoff, faisait là une remarque profonde. La géographie sera une science appliquée, ou elle ne sera pas. On comprend l'idée de réunir en un faisceau toutes les remarques empruntées à la géologie, à la climatologie, à la botanique, à la zoologie, qui intéressent le sort matériel de l'homme, sa richesse, son genre de vie ; tandis que le rêve de grouper, sans sélection, tout ce qui peut éclairer une description physique de la Terre à ses âges les plus divers et sous ses aspects les plus variés, restera rêve et chimère.

Ce n'est pas là dégrader le savoir, mais lui imposer une limitation raisonnée, afin de le rendre apte à un enseignement méthodique. Il faut, en science géographique, qu'on sache se tenir à égale distance d'une application servile à l'intérêt de l'homme, et de ce dédain dogmatique qui est surtout l'apanage des demi-savants.

Je ne parle pas d'abaisser la science au niveau de l'intérêt, mais de hausser l'intérêt, jusqu'à la hauteur de la science ; la science et l'intérêt gagneront également à cette concordance. Un peu de science éloigne du souci des intérêts de l'humanité, beaucoup de science y ramène ; et les meilleurs savants sont gens du cœur le plus humain. Quand l'opinion publique a réclamé, au lendemain de nos malheurs, une place d'honneur pour la géographie dans tous les ordres d'enseignement, je ne suppose pas qu'elle se soit éprise de préférence des obscures questions de la genèse des montagnes, de l'ancien emplacement des glaciers, des changements de forme des continents, des variations de profondeur des Océans au cours des âges géologiques, de l'évolution des flores et des faunes. Non, elle a réclamé, des éducateurs de notre jeunesse, les connaissances sûres, pratiques, capables de mettre nos Français en état de lutter sur les champs de bataille, dans les domaines de la colonisation, du commerce, contre des rivaux bien préparés ! Elle a demandé aux hommes de science les éléments d'un choix des belles et bonnes colonies, des comptoirs avantageux, des solides forteresses de terre et de mer. Loin de moi la pensée de diminuer le mérite des hautes spéculations scientifiques, des hypothèses grandioses qui honorent nos géologues, nos physiciens des climats, nos naturalistes. Mais ils ont leur rôle, et les géographes en ont un autre, bien clair, bien délimité, j'allais dire un devoir, en notre temps de crises économiques et sociales.

Or dans cette étude des rapports de la Terre avec l'Homme, qui est l'enquête proprement réservée aux géographes, rien n'est indifférent ; et je puis vous montrer, par de nombreux exemples, que, si nous avons l'obligation stricte de nous borner, de faire aux naturalistes des emprunts discrets, du moins il nous reste encore un prodigieux domaine de recherches, de faits, d'idées. En particulier, l'étude des faits géographiques de colonisation est infiniment complexe : et elle est l'une des plus vastes auxquelles s'attaque notre science. Car étudier la valeur géographique des œuvres de colonisation, c'est précisément déterminer quelles races d'hommes conviennent à une terre, quelles terres conviennent à une race d'hommes, puis fixer la loi de l'adaptation des cultures, de l'acclimatation des animaux.

V

Voilà une série de questions que l'enseignement géographique nous met en mesure de trancher. Suivant le degré d'instruction des initiateurs de nos entreprises coloniales, nous serons conduits au succès ou à l'échec. N'aurions-nous pas fait, en vérité, quelque épargne des inévitables expériences de nos récentes conquêtes coloniales si nous avions mieux connu quelles sont les variétés des climats chauds ? Fallait-il donc une si haute science pour comprendre que les tirailleurs algériens, enfants d'un pays à l'été sec, aux pluies rares et surtout hivernales, seraient exposés à de cruelles souffrances en des régions qui comptent une longue saison estivale de pluies ? N'est-il pas question, en ce moment même, de demander à ce même recrutement une forte proportion des soldats de notre armée coloniale ? Or nos colonies sont en majorité, et surtout celles où des opérations de guerre peuvent devenir indispensables, pays tropicaux voués à de longs mois d'humidité. Il y a là, vous le voyez, une indication bien simple à donner, une remarque tout élémentaire à présenter, sur l'utilité de l'hygromètre à côté du thermomètre : humble question de géographie des climats, mais grave question de méthode. A un empire colonial développé en majeure partie sous des climats tropicaux humides, il faut des contingents de Sénégalais, de Haoussas, d'Indo-Chinois. Mais pour bien des hommes, pourtant instruits, le fait que les Kabyles sont des Africains suffit à en-

courager leur emploi dans toute l'étendue de
l'Afrique ; et, plus d'une fois j'ai entendu dire fort
sérieusement que l'Afrique étant la partie du monde
où nous possédons la plus grande étendue de colonies, notre recrutement devait être «africain». Voilà
ce qu'il en coûte de s'endormir dans la paresseuse
coutume de la division traditionnelle en parties du
monde ! Belle avance que de « rester dans sa partie
du monde » pour le pauvre montagnard du Djurd-
jura qu'on enverra mourir au Dahomey, au Gabon,
au Congo ! Savoir de la géographie n'est pas toujours raisonner géographiquement.

N'est-ce donc rien d'essentiel que de procéder à
une classification méthodique de nos colonies?
Est-il indifférent à notre commerce, à notre industrie, à nos essais de cultures, que nous rangions
bien ou mal les contrées sur lesquelles flotte notre
pavillon? Non : rien n'est plus important, même
en matière d'intérêt mercantile. Car l'intérêt de
la prospérité matérielle et celui de la bonne science
se confondent ici, et fort étroitement : de part et
d'autre, on s'efforce de classer dans les mêmes caté-
gories les pays dont les ressources naturelles se
ressemblent le plus, dont les richesses à exploiter
sont analogues. Ce n'est pas, par simple caprice de
naturaliste habitué à des classifications rigoureuses
que je me prends à rapprocher l'Algérie-Tunisie de
notre Provence, de l'Italie et de l'Espagne, de
marquer combien ces belles colonies contrastent
avec le Soudan, situé pourtant en Afrique. Ce
n'est pas pour le plaisir pédant de taquiner une
coutume respectable que je rapproche le Sahara
africain de l'Arabie asiatique, l'Afrique orientale
de l'Inde, l'Afrique australe anglaise de l'Australie

également britannique. En brisant les liens factices de la vieille classification en parties du monde, je crois éviter à nos marchands, à nos colons des tentations funestes d'agir de même dans toute l'étendue de l'Afrique ou de l'Asie; je crois leur enseigner sans dissimulation que l'Indo-Chine et la côte de Guinée peuvent se prêter à des essais d'agriculture du même genre. Et ce ne sont pas des leçons inutiles, en admettant même qu'elles soient pédantes : mais j'aime mieux un pédantisme qui rapportera à mon pays qu'un élégant maintien de traditions verbales dont il paiera les frais.

Qui me démontrera qu'il y a le moindre intérêt à placer dans un même chapitre de géographie de nos colonies, Saint-Pierre et Miquelon, la Guadeloupe, la Martinique et la Guyane, notre domaine américain, comme on dit ? La moindre comparaison des forêts de la Guyane avec celles du Gabon et du Congo « ferait bien mieux mon affaire » et sans doute celle des Français qui rêvent d'exploiter nos colonies. Mais que voulez-vous ? Le Gabon est en Afrique et la Guyane en Amérique : nous voilà bien éclairés!

Et l'Océanie ? Quelle merveilleuse et cohérente partie du monde, dont les fragments jonchent une mer immense, à tel point que les frais de transport des produits de bien des îles sont un obstacle à peu près insurmontable au commerce métropolitain. Et pourtant le même orateur vous parle souvent, sans que sa doctrine s'altère sensiblement, d'une politique africaine dont le domaine est un continent massif, et d'une politique en Océanie, dont le théâtre est un Océan parcimonieusement semé d'îles.

Encore une question de géographie professorale!

Vous ne voulez plus vous servir de la division en parties du monde : daignerez-vous agréer une classification par Océans? Eh bien! là encore, sous chaque observation de méthode géographique se cache une question de strict intérêt. Il est juste et clairvoyant, pour l'homme de science, de classer notre Algérie-Tunisie que baignent les flots de la Méditerranée, mer commerçante, sociale, clémente au marin, avec les autres régions riveraines de cette mer et qui nous sont liées par l'intérêt et la tradition, comme l'Egypte, la Syrie, l'Asie Mineure, la Grèce. Aux yeux du naturaliste, il se dégage de cette comparaison nombre d'analogies saisissantes. Mais le négociant instruit comprendra aussi par là que le déclin de notre trafic du Levant s'explique et se compense par le développement de nos rapports avec l'Algérie-Tunisie. Où d'autres lutteraient de ténacité, il s'armera de souplesse : Alger et Tunis, s'il veut s'y établir, le consoleront de Smyrne et de Constantinople. La science peut donner à l'homme d'intérêt des leçons de souplesse; et j'en sais plus d'un qui a tourné le dos à quelques vieillottes traditions de négoce pour diriger vers d'autres voies son activité, comme les professeurs de géographie tournent le dos à leurs antiques nomenclatures.

Géographes et commerçants sont aussi d'accord pour comprendre la valeur des communications inter-coloniales à travers l'Atlantique! C'est la mer qui baigne nos provinces les plus riches en aventureux marins, les ports d'où sont partis nos premiers traitants du golfe de Guinée, nos durs négriers, nos colons des Antilles et du Canada!

C'est l'Océan que traversèrent, au XVIIIe siècle, nos plus riches flottes de commerce : et aujourd'hui même il contribue à unir aisément bon nombre de nos colonies.

L'Océan Indien n'est déjà plus un trait d'union au même titre que la Méditerranée et l'Atlantique. Le Pacifique est moins sociable encore : demandez plutôt l'avis des négociants qui engagent des opérations avec Taïti ou les Marquises.

Poussons plus loin encore cette enquête de science et d'intérêt réunis :

La classification en *colonies anciennes* et *colonies nouvelles* est-elle donc plus intéressante que les précédentes? Non, et elle n'attire que modérément l'attention du géographe, car, parmi les colonies anciennes, il en est qui sont assez loin de leur mise en valeur, comme le Sénégal et cette Côte de Guinée, où il y a tant à faire, tandis qu'on connait des colonies nouvelles, comme l'Algérie-Tunisie, qui sont beaucoup plus rapprochées de leur complet développement, et où l'activité du commerce et de l'industrie peut être gênée par la proximité même de la métropole, par l'exubérante végétation des règlements administratifs, végétation qui n'a pas toujours besoin du concours des siècles pour prospérer et foisonner.

Géographie scientifique et intérêt colonial sont d'accord pour attacher une importance majeure à la considération des climats : de la nature du climat d'un pays dépend en grande partie son aptitude spéciale à l'un des genres d'exploitation coloniale. Toutes nos possessions, de climat tropical humide, qu'elles soient situées en Afrique, en Asie ou en Amérique, appellent des cultures analogues ; envisager séparément le sort de chaque fragment asiatique, africain, américain, c'est se condamner aux doubles, aux triples emplois. La discipline scientifique et la méthode commerciale exigent aussi impérieusement que l'on ne comble pas, en même temps, toutes nos colonies tropicales de cultures de coton, de café, de canne à sucre, d'épices; il est indispensable qu'un plan d'ensemble soit élaboré, qu'on n'abandonne pas chaque gouverneur au caprice de ses expériences, sans l'avertir de ce qui se prépare dans les autres colonies, même lointaines, pourvu qu'elles soient de même complexion climatérique.

Les mêmes règles doivent présider à l'émigration inter-coloniale qui fera profiter les moins peuplées, les moins cultivées de nos colonies, de l'expérience supérieure des autres. Je me rappelle avec le plus grand plaisir, que M. Delcassé fit étudier le peuplement de notre belle et riche Guyane, par des contingents empruntés au Sénégal et à la Côte d'Ivoire; et M. Chautemps avait étudié la généralisation de mesures de cet ordre. C'est pour avoir observé les conditions climatériques de nos colonies d'Afrique occidentale, que ce ministre, ami de la science, comprit la valeur exceptionnelle de nos établissements de la Côte de Guinée, si longtemps sacrifiés à la politique d'expansion au Soudan.

VI

La science géographique se distingue donc nettement, par sa méthode et par ses applications immédiatement pratiques, des autres sciences, physiques et naturelles, morales et politiques, auxquelles elle fait, d'ailleurs, de nombreux emprunts. Mais elle transforme et adapte ce qu'elle emprunte.

Ainsi, nous ne rechercherons pas, avec les botanistes, si tel coin de terre possède une grande multitude d'espèces végétales. En quoi cela intéresse-t-il l'homme ? Cela intéresse les savants, et je reconnais que cet intérêt est noble et justifié ; quant à nous, dès que nous observons dans un pays la présence de trois ou quatre plantes utiles, nous sommes très heureux de les signaler si ces plantes sont nutritives pour l'homme, ou si elles font vivre les animaux domestiques qui aident à leur tour l'homme à vivre. Nous n'étudions pas la richesse d'une flore, mais la vigueur d'une végétation, même monotone.

Telle est la différence entre la botanique et la géographie appliquée. Nous ne recherchons pas davantage combien d'espèces d'animaux microscopiques ou autres foisonnent dans un pays. Nous tâchons de savoir quels animaux domestiques peut nourrir ce pays pour rendre l'homme heureux soit dans sa patrie, soit dans la nouvelle patrie qu'il va chercher. Nous nous efforçons de déterminer quelles races il faut y développer pour faire prospérer le commerce et l'industrie de notre pays au delà des mers.

Ce que nous demandons aux explorateurs qui vont dans les colonies, ce n'est pas surtout ce qui intéresse l'anthropologie, mais bien plutôt les aptitudes des indigènes à comprendre tout ou partie de notre civilisation, et, pour dire le mot, à entrer dans une communauté ancienne pour former une communauté plus large, plus libre, plus ouverte, et pour agrandir l'humanité civilisée, sous le patronage de la France.

Cette méthode est simple, vous le voyez, très facile à pratiquer : c'est l'étude des rapports de la terre avec l'homme ; et rien ne peut servir plus directement l'œuvre de la colonisation. Vous me direz que d'autres sciences, que d'autres études, nous donnent le même réultat. Loin de moi la pensée de vouloir abaisser le mérite des ordres d'études dont la discipline est plus ancienne, mieux constituée que chez nous, géographes. Je ne rougis pas d'avouer que notre géographie française, que la géographie tout entière, dans ce grand désordre de la réforme contemporaine de la science, se cherche encore, ne connait pas ses frontières, hésite, est dans l'enfance ; mais elle a un mérite toutefois : celui d'avoir donné des résultats, avant même d'avoir fondé sa tradition classique.

Ni l'histoire, notre voisine, — celle à laquelle nous sommes associés de très près, avec laquelle nous vivons en aussi bonne harmonie qu'il est possible avec une sœur ainée, — ni l'économie politique qui nous a rendu le si grand service de nous rendre une science politique et sociale au premier chef, ne font double emploi avec l'étude de la géographie. Il serait aisé de prouver par des exemples, que la science économique envisage le sort de l'homme dans sa généralité, dans son ensemble, qu'elle étudie les grands mouvements de l'humanité, tandis que nous — (et ce rôle ne nous abaisse pas) — nous déterminons les cas particuliers, nous mettons hommes d'études et gens d'intérêt en garde contre les excès des plus belles généralisations, et nous tâchons d'indiquer ce que chaque peuple tient en propre de la nature de son pays.

L'historien n'envisage pas les faits avec la même philosophie que le géographe. Ainsi, dans les histoires de la colonisation française au xviiie siècle, vous lisez très souvent que la Grande-Bretagne (à laquelle on ne rendra jamais assez hommage pour sa vigueur d'action) a été très favorisée par le talent de ses hommes d'État qui ne l'ont pas laissée, au moment de la guerre de Sept Ans, s'engager dans les affaires continentales ; d'après les mêmes auteurs, la France aurait eu le très grand malheur de compter des hommes d'État trop prompts, à se laisser entraîner dans les complications européennes. Or, je me demande, dans ma simplicité de géographe, s'il ne serait pas utile d'ajouter que l'Angleterre n'a guère eu plus de mérite à pratiquer cette politique que nous de maladresse à ne pas l'observer. Je me demande dans quelle mesure il est légitime de parler en ces termes, si généraux et qui ne distinguent pas le tempérament de chaque peuple, de la politique coloniale du xviiie siècle.

Mieux vaudrait dire, sans s'évertuer si fort à discuter la valeur personnelle des diplomates, que l'Angleterre était tout naturellement favorisée par sa qualité d'ile, que la France, soudée au continent subissait la répercussion de toutes les intrigues politiques dont il était le théâtre. Les hommes ont assurément apporté dans ce jeu l'avantage de leurs qualités d'esprit ; mais la fatalité du fait physique a pesé dans la balance d'un poids prépondérant.

De même, quand vous admirez, dans quelque beau livre d'histoire contemporaine, le tableau général de la colonisation européenne du xixe siècle, prenez bien garde de vous laisser trop aisément séduire par les hautes considérations que l'auteur consacre à l'essor de l'industrie européenne, au développement de l'émigration, à la condition des débouchés commerciaux. De grâce, distinguez la France, qui émigre peu, de l'Allemagne qui, faute de colonies tempérées, perd son émigration en des pays politiquement constitués : lisez, par manière de contrôle, l'humble livre de géographie qui vous montrera non ce que fait l'Europe, car les Européens ne sont ni semblables, ni solidaires, mais ce que fait en particulier chaque peuple d'Europe. Comprenez que ces grandes remarques sont souvent une addition de faits contraires, une moyenne factice : gardez-vous de croire que l'Allemand, l'Anglais, le Français, l'Italien, le Russe soient occupés aux mêmes œuvres, par les mêmes moyens, sur des théâtres identiques. Pénétrez les détails de cette œuvre si prodigieusement complexe et prompte à évoluer de la colonisation : appliquez à chaque peuple, à chaque période, un mode d'appréciation spécial, un jugement motivé ! Certes il ne faut pas dédaigner l'intelligence générale de l'histoire d'un siècle ou d'un important groupe de peuples : mais la joie de généraliser ne doit jamais aller sans le mélange d'une âpre recherche du détail vrai. La vérité est toujours complexe en de telles matières, précisément parce que l'initiative de l'homme et les incitations de la nature se mêlent étroitement dans le fait de colonisation.

Quelques grands débats d'économie politique gagneraient peut-être aussi à l'emploi de cette « sourdine géographique ». Tel le grand tournoi que se livrent les partisans également convaincus de la grande et de la petite colonisation, les apôtres des « grandes Compagnies » et ceux de l' « exploitation familiale ». Tous ont raison ou tous ont tort, suivant la nature des pays qu'on envisage : et j'incline à croire que l'accord se ferait vite si l'on engageait la discussion sur le terrain des faits concrets, et à propos d'une région dûment déterminée. En cette circonstance encore, il faut rechercher dans les classifications les plus profondes, les plus méthodiques, les raisons d'agir ; et plus ces raisons dérivent de la science pure, plus elles sont conformes à l'intérêt. Comment voulez-vous, en effet, adopter une même méthode d'exploitation pour des pays aussi divers que l'Algérie-Tunisie et le Congo ?

Or, on comprend sans peine l'empressement de tant de partisans de l'expansion coloniale française en faveur des grandes Compagnies de colonisation, si l'on observe que nous possédons une énorme étendue de pays tropicaux dont l'État ne peut entreprendre, sous peine de banqueroute, l'exploitation simultanée : nombre de régions de l'Afrique occidentale, du Congo, de la Guyane, appellent une mesure de ce genre. Mais il est, dans notre domaine, des contrées où un autre mode de colonisation s'impose.

Par exemple, je ne conseillerais pas l'emploi des grandes Compagnies de colonisation dans des pays comme l'Algérie-Tunisie ou même la Nouvelle-Calédonie. Si l'on me consultait sur ce qui doit être tenté à Madagascar, je ne pourrais conseiller un seul genre de colonisation, car cela répugne à la méthode géographique qui ordonne de toujours considérer les cas particuliers; j'inclinerais à croire que les Compagnies de colonisation peuvent rendre de grands services dans les parties basses du pays, mais qu'il y a place également, pour ceux de nos compatriotes qui voudraient s'établir et devenir propriétaires en fondant une nouvelle France, sur les hauts plateaux et dans la région moyenne et tempérée.

Tâchons d'obtenir, qu'en toutes choses on envisage ces cas particuliers au lieu de s'arrêter à une théorie unique contre laquelle chacun se butte, s'irrite, au grand détriment de l'intérêt et de la bonne harmonie qui devrait régner entre les colonies françaises.

Il y a tant de querelles que l'on pourrait éviter ainsi !

Encore un fait. J'entendais un jour, dans une société très géographique, où l'on fait de bonne géographie, comparer l'exploitation des trois Guyanes française, hollandaise et anglaise. Mû par un sentiment patriotique très ardent, l'un de mes confrères déplorait que la France eût si peu de plantations de cannes à sucre dans la Guyane, tandis que c'était une des richesses de la Guyane anglaise et de la Guyane hollandaise. Je me hasardai à lui dire très simplement que ni la Hollande ni l'Angleterre, n'étant des pays producteurs de sucre de betterave, n'avaient les mêmes raisons économiques que nous d'arrêter les plantations de canne à sucre dans leurs colonies.

Combien d'autres questions sont liées d'aussi près à l'examen des conditions naturelles de nos colonies : et rien n'est indifférent dans l'étude de ces conditions.

VII

Vous me permettrez, Mesdames et Messieurs, en excusant l'allure parfois dogmatique et démonstrative de cette conférence, de conclure très brièvement. J'ai essayé de prouver que la science géographique, essentiellement vouée à des applications d'intérêt humain, ne perdait rien de sa dignité en éclairant les efforts des courageux pionniers de nos œuvres coloniales. Il m'a paru inutile de montrer, après tant d'autres, les merveilleux résultats des explorations géographiques dans nos domaines d'outre-mer. J'ai préféré, pour mieux faire preuve, m'enfermer dans le cercle de nos études le plus éloignées en apparence des questions d'intérêt colonial. Or, s'il est démontré que la solution des problèmes de classification et de nomenclature géographiques n'est nullement indifférente à cet intérêt, avec quelle aisance admettrez-vous qu'une description rigoureusement exacte, qu'une exploration méthodique importent au bonheur des colonies et de la métropole. C'est pourquoi je remercie l'Union coloniale française de son invitation si honorable; si ses auditeurs ont donné quelque créance à mes modestes remarques de professeur, à plus forte raison seront-ils convaincus quand ils entendront l'un de ces géographes d'action qui ont contribué à la renaissance coloniale de ce siècle. Il justifiera ma préface.

Imprimerie PAUL DUPONT, 19, rue du Croissant, Paris.

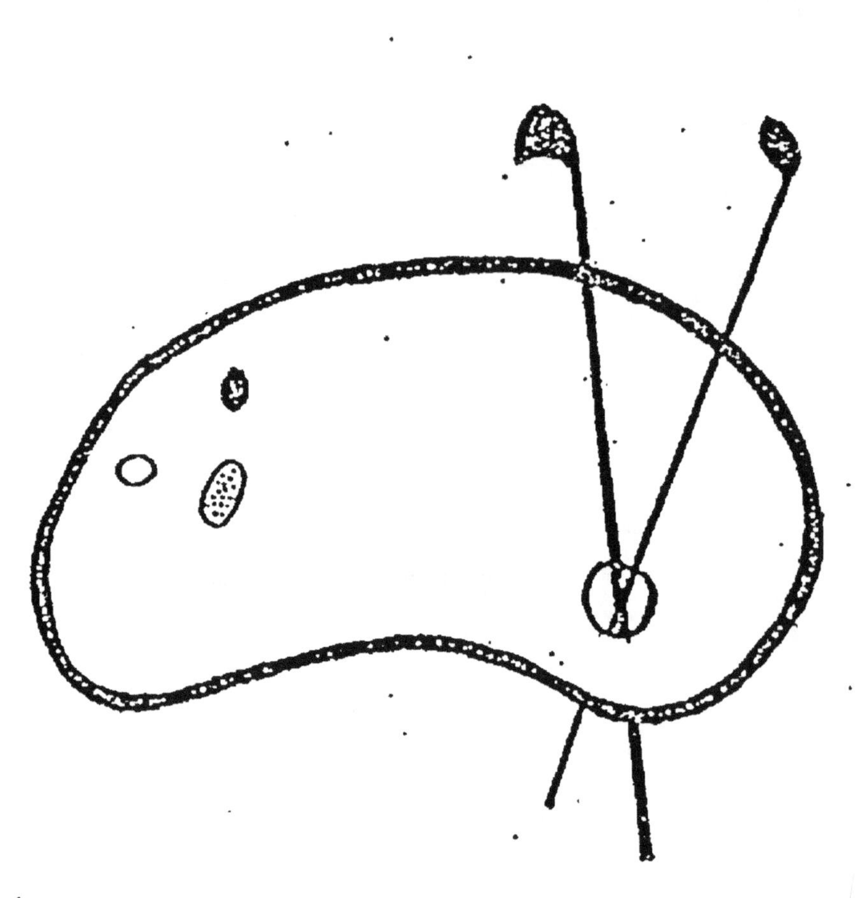

ORIGINAL EN COULEUR
NF Z 43-120-8

www.ingramcontent.com/pod-product-compliance
Lightning Source LLC
Chambersburg PA
CBHW061719060726
47597CB00006B/2472